The Day You Were Born

Baby's full name

Date

Time

Place

Weight

Length

Who baby resembles

Eye color

Hair color

Who was there

Doctor - Midwife

Nurse

A
LOVE

A
LOVE

A
LOVE

A
LOVE

A
LOVE

A
LOVE

A
LOVE

A
LOVE

LOVE

A
LOVE

A
LOVE

A
LOVE

A
LOVE

A
LOVE

A
LOVE

A
LOVE

A
LOVE

A
LOVE

A
LOVE

A
LOVE

A
LOVE

A
LOVE

A
LOVE

A
LOVE

A
LOVE

A
LOVE

A
LOVE

A
LOVE

A
LOVE

A
LOVE

A
LOVE

A
LOVE

A
LOVE

A
LOVE

A
LOVE

A
LOVE

A
LOVE

A
LOVE

A
LOVE

A
LOVE

A
LOVE

LOVE

A
LOVE

A
LOVE

A
LOVE

A
LOVE

A
LOVE

A
LOVE

A
LOVE

A
LOVE

A
LOVE

A
LOVE

A
LOVE

A
LOVE

A
LOVE

A
LOVE

A
LOVE

A
LOVE

A
LOVE

A
LOVE

A
LOVE

A
LOVE

A
LOVE

A
LOVE

A
LOVE